JN086394

はじめに

　絵本や物語を読んでいて、お話の中に出てきたお料理が「どんな味なのだろう?」「どんなふうに作るのだろう?」と気になったことはありませんか。絵がかいてあれば予想はつくかもしれませんが、味まではわかりませんね。この『物語からうまれたおいしいレシピ』では、物語に出てくる料理を再現しました。お料理の写真を見ているだけでも、「おいしそう」「食べてみたい」とうっとりしてしまいます。いえいえ、見ているだけではもったいない。自分で作れるように作り方もしょうかいしていますので、作ってみてください。自分で作って食べれば、物語の世界も広がるかもしれません。登場人物の気持ちも、ぐっと身近に感じることができるかもしれません。

　「これ食べてみたい」と料理に興味を持った人は、どんな本に出てくる料理なのか、本のしょうかい文を読んでみてください。そして、本を手に取ってみてください。楽しくて、おいしい本に出会えるかもしれませんよ。

金澤磨樹子　東京学芸大学附属世田谷小学校 司書

　小学校では、物語と給食がコラボレーションするおはなし給食という日があります。ある日、「ぐりとぐらのカステラを食べたら絵本を久しぶりにたくさん読みたくなって図書室に行ってきたよ」と、6年生の子がそっと教えてくれました。食べることで本を読むことが楽しみになったのはなぜでしょう? 好きな食べものだったから? おいしかったから? お話と料理がわたしたちに思いがけないことを教えてくれます。

　学校でもおはなし給食の時間は、「食べる時間」がいつもより特別になります。食べる前に物語を知っていると、「お話のような味をしているのかな?」とワクワクする気持ちになり、物語を知らない場合には「この本読んでみたいな」という気持ちになるのです。そして、おはなし給食の日は、いつもよりたくさんの「料理のレシピを教えて!」という声がわたしのもとにとどきます。

　お話の中に出てきた料理を「食べてみたいな」から「作ってみたいな」という気持ちになることをこの本では大切にしました。そして、作った料理をだれかといっしょに食べることもおすすめします。"だれかに"作る料理、"いっしょに"食べる料理は100倍楽しいはずですよ。

今　里衣　東京学芸大学附属世田谷小学校 栄養教諭

物語からうまれた おいしいレシピ

④ ときめきプレゼントおかし

［監修］
金澤磨樹子・今 里衣
（東京学芸大学附属世田谷小学校）

ポプラ社

もくじ

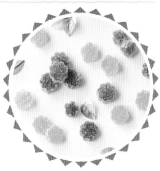

この本の使い方

この本では、いろいろな物語に出てくるおかしを再現して、その作り方をしょうかいしています。
おうちで作りやすいように、できるだけ手に入りやすい材料で、かんたんな作り方を考えました。料理は、だれでも再現しやすいように変えたり、想像して作ったりしたものもあります。どの物語も、「物語と料理のしょうかいページ」と「作り方のページ」でできています。何がどこに書かれているか、読んでおきましょう。

物語と料理のしょうかいページ

本の題名
物語がのっている本の題名です。

料理の名前
この本で作る料理です。

あらすじと料理の説明
物語のあらすじや、どんなおかしや料理なのかを説明しています。

料理の写真
しょうかいする料理のできあがりの写真です。それぞれの物語の世界を表現したので、見ているだけでも本の場面が思い出されて、楽しくなるでしょう。

司書の先生から
学校司書の金澤磨樹子先生が、どんなふうに物語に出てくる料理なのかや、本の楽しみ方のポイントを教えてくれます。

本のしょうかい
おかしや料理が出てくる本のじょうほうや表紙をのせています。

作り方のページ

○まず作り方をひと通り読んで、どんな流れでどんな作業をするのか、知っておきましょう。あわてずに進めることができます。
○材料と必要なものを用意しておきましょう。材料は、正確にはかることが大切です。はかり方は、下を参考にしましょう。

材料

料理に必要な材料です。分量は、次のような道具ではかります。

mL なら
計量カップ
ではかる

g なら
はかりで
はかる

大さじ・小さじ なら
計量スプーン
ではかる

「大さじ1」は、大さじ1ぱいという意味だよ

用意するもの

料理をする前に、あるかどうかかくにんしておきたいものをのせました。包丁、なべ、スプーン、ラップなど、どこのおうちにもありそうなものは入っていません。

Point

その料理のせいこうのカギとなるポイントです。しっかり読んで実行しましょう。

アドバイス

安全のために注意したいことや、上手にできるコツ、見きわめ方などをふき出しで書きました。

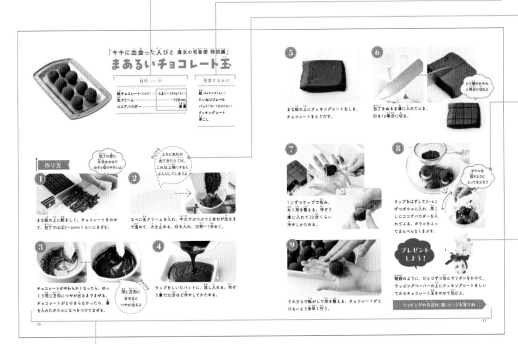

プレゼントしよう!

プレゼントするときにおすすめのラッピングをしょうかいします。使うものは38ページでしょうかいしています。

作り方

写真で手順をしょうかいしています。順番通りに作りましょう。

じゅんび

料理を始める前に、やっておきたい作業があるときに書かれています。

○フライパンはフッ素じゅし加工（テフロン）のものを使っています。
○電子レンジの加熱時間は600Wの場合の目安です。
○オーブン、オーブントースター、電子レンジは、機種によって加熱具合に差があります。加熱するときはようすを見ながら時間を調節しましょう。

気をつけよう!

火を使うときの注意

○ガスコンロやIH、オーブンを使うときは、かならず大人がいるときにしましょう。
○ガスコンロやIHを使っているときには、そばからはなれないようにしましょう。
○火にかけたなべやフライパン、オーブンの天板はとても熱くなっています。直接手でさわってはいけません。

パンダのポンポン
空飛ぶおべんとうツアー

ポンポンがふるまう
カラフルにかざった
ロリポップチョコ

どんなおはなし?

　パンダのポンポンは、街の人気レストラン「きら星亭」のコックさん。きら星亭ではバレンタインデーの夜、街の動物たちが集まるパーティーが開かれることになりました。

　パーティーでは、手作りのおくりものを交かんしあうことになっていますが、ポンポンとウェイトレスのねこのチビコちゃんは、まだプレゼントが決まらずソワソワしています。そしていよいよ、バレンタイン当日。ポンポンたちは、たくさんのチョコレートがしで仲間たちを出むかえます。

どんな料理?

　バレンタインにポンポンたちが用意したのは、ブラウニーやエクレアなどのたくさんのチョコレートがし。

　とくに、とかしたチョコレートをふんすいのように流し、スティックにさしたくだものなどにからめて食べるチョコレート・ファウンテンは大人気でした。

司書の
先生から

　「パンダのポンポン」は、シリーズの作品で、この本は9巻目です。コックさんのポンポンは、お料理を作るのが上手ですが、食べるのも大好きです。だから、毎回おいしそうな食べものがたくさん出てきますよ。

パンダのポンポン
空飛ぶおべんとうツアー
野中柊●作　長崎訓子●絵
[理論社]

カラフルにかざった ロリポップチョコ

材料（10〜15本分）

マシュマロ、カットバウムクーヘン、ミニドーナツ、ミニシュークリームなど、くしにさせる小さなおかし……10〜15こ

コーティング用チョコレート………110gくらい
（上がけ用チョコともいう。スーパーや100円ショップの製菓材料売り場で売っている）

カラースプレー、トッピングシュガーなどのかざり……………………適量

チョコペン（ホワイト）……………1本

用意するもの

キャンディースティック（10〜15本）

ステンレスのボウル

たいねつゴムべら

はっぽうスチロールか大根の輪切り

じゅんび ▶

◎ コップに40〜50度の湯を入れて、チョコペンをつけてとかしておく

◎ カラースプレーやトッピングシュガーなどのかざりを使いやすいように出しておく

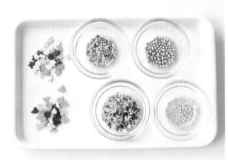

作り方

①

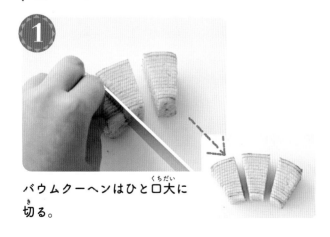

バウムクーヘンはひと口大に切る。

②

マシュマロやバウムクーヘン、ミニドーナツなどをキャンディースティックにさす。

③

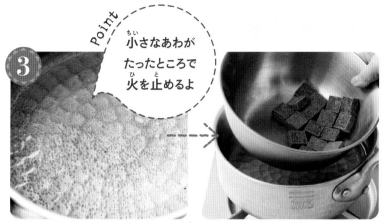

Point
小さなあわが
たったところで
火を止めるよ

ボウルが入る大きさのなべに水を入れ、中火で温める。
ふつふつとあわが出てきたら火を止め、チョコレートを
入れたステンレスのボウルを入れる。

④

ボウルの底を湯にあてながらたいね
つゴムべらでまぜ、チョコレートを
とかす。

⑤

チョコレートがとけたら、スプーンで
すくって、❷にかける。

⑥

Point
チョコレートは
すぐかたまるので、
急いでかけよう

チョコレートがかたまる前に、カラースプ
レーなどのかざりをかける。これを8本くら
い作る。はっぽうスチロールか大根の輪切り
にさして、かたまるまでかわかす。

⑦

残りのおかしは、チョコペンで好きなもようをか
いて、トッピングシュガーなどをのせてかざる。

プレゼント
しよう！

小さな紙コップにカラーね
んどを入れて、スティック
をさすよ。カードもいっ
しょにさしてわたそう。

ラッピングの方法は 38 ページを見てね

9

お願い！フェアリー
告白は、いのちがけ!!

不器用ないるかの
思いがつまった
ハートのチョコクッキー

どんなおはなし？

　明日はバレンタインデー。家庭科が大の苦手な主人公いるかは、いるかにだけ見える妖精"フェアリー"に助けられながら、片思いの柳田のためにチョコクッキー作りに挑戦中。そんなとき、クラスメイトの"ジジイ"から「病気になったが、手作りチョコを食べれば治る」という電話が……。

　そして2月14日。柳田に無事にクッキーをわたすことができたものの、仕方なくジジイにもクッキーをあげたことで、いるかにふたまた疑惑が発生？ しかも柳田は、次の日、腹痛で学校を休んでいて……。

どんな料理？

　家庭科が苦手ないるかでも作れる、シンプルだけれどおいしいチョコクッキー。

　いるかはフェアリーの手助けのもと、はくりき粉だらけになりながら、一生けん命クッキーを焼きました。

司書の先生から

　少女まんがのような表紙のみりょくで、このシリーズを手にとる人もいるのではないでしょうか？ 自分の気持ちを友だちに伝えるのはむずかしいです。いるかもフェアリーのアドバイスを受けながらいろいろ考えて行動しています。

お願い！フェアリー
告白は、いのちがけ!!

みずのまい◎作
カタノトモコ◎絵
［ポプラ社］

『お願い！ フェアリー　告白は、いのちがけ!!』

ハートの チョコクッキー

材料（約30まい分）	
はくりき粉	170g
ココアパウダー	10g
バター（あれば食塩不使用のもの）	80g
さとう	60g
牛乳	40mL
チョコチップ	大さじ3

用意するもの
ゴムべら
めんぼう
ハートと星の形の型（4〜5cm）
クッキングシート

作り方

①

指でおして
へこむくらいに
なれば OK

バターは1cmほどのあつさに切り、たいねつボウルにならべ、電子レンジで30〜40秒ほど加熱する。

②

ゴムべらでバターをつぶし、クリームじょうになるまでまぜる。さとうを入れ、クリームじょうになるまでしっかりまぜる。

③

はくりき粉とココアパウダーをまぜてからざるに入れ、ゴムべらを使ってふるいながら、②に入れてまぜる。

④

牛乳を入れてまぜ、粉っぽさがなくなったら、チョコチップを入れてまぜる。

⑤

ラップの
真ん中におくよ

生地をまとめてラップ
にのせ、奥のラップを
かぶせ、てのひらでお
して平らにする。

⑥

15×15cm
くらいにするよ

手前のラップをかぶせ、左右の
ラップを折り、ラップの形が四角
くなるように包む。ラップの形に
あわせてめんぼうで四角くのばす。

⑦

22×22cm
くらいになるよ

冷ぞう庫で1時間ねかせたあと、
ラップをひと回り大きく包み直
す。ラップの上からめんぼうで
5mmほどのあつさにのばす。
オーブンを180度に予熱する。

⑧

生地がとちゅうで
やわらかくなったら
冷ぞう庫で冷やすと
いいよ

ラップを開き、型でぬく。
生地がつかないように、1
回ごとに、型にはくりき粉
（分量外）をつけてからぬく。

⑨

クッキングシートをしいた天板に⑧をならべ、180度
のオーブンで10〜12分焼く。残りも同じように焼く。

プレゼント
しよう！

chocolate
cookie

びんに直接文字を書くとかわいい！ バレンタイン
デーなら「Happy Valentine's Day」と書いてもいいね。

ラッピングの方法は 38 ページを見てね

13

ダンさんが作る まあるい チョコレート玉

どんなおはなし?

「魔女の宅急便」シリーズに登場する、主人公キキに出会った人びとを主役にした3つの物語。そのうちのひとつが、キキがお世話になっている「グーチョキパン屋」の店主・おソノさんの幼少期からをえがいたものです。

コリコの町に住む"ソノちゃん"は、パン屋さんのお父さんとお母さんに愛されて、すくすく成長していきます。でもソノちゃんが少し大人になったころ、両親は天国へ旅立ってしまいました。悲しみにくれて旅に出たソノちゃんは、たどり着いた港町で、ダンさんがいとなむチョコレート屋さんで働くことになります。

どんな料理?

ダンさんが来る日も来る日も手で丸め、いとこにおくった美しいチョコレート玉。ソノちゃんは、うらやましく思っていました。

ソノちゃんがお店を去る日、ダンさんは、大切に丸めたチョコレート玉を、ソノちゃんにもわたしてくれました。

司書の
先生から

映画にもなっているので、魔女のキキを知っている人は多いと思います。「魔女の宅急便」のシリーズは、全6巻です。キキが魔女になるまでや、ジジが魔女猫になるまでなどをえがいた特別編は、この本を含めて3巻あります。

キキに出会った人びと
魔女の宅急便 特別編

角野栄子◉作
佐竹美保◉画
[福音館書店]

まあるいチョコレート玉

材料（16こ分）

板チョコレート（ミルク）……4まい（200gくらい）
生クリーム ……………………………100mL
ココアパウダー ……………………………適量

用意するもの

紙（A4サイズくらい）
たいねつゴムべら
バット（10×13cmくらい）
クッキングシート
茶こし

作り方

Point
包丁の背に
片手をのせて
おすと切りやすいよ

①

まな板の上に紙をしく。チョコレートをのせて、包丁ではば3〜4mmくらいにきざむ。

Point
ふちにあわが
出てきたら OK。
これ以上熱くすると
ぶんりしてしまうよ

②

なべに生クリームを入れ、中火でぷつぷつとあわが出るまで温めて、火を止める。①を入れ、30秒〜1分おく。

③

チョコレートがやわらかくなったら、ゆっくり同じ方向につやが出るまでまぜる。チョコレートがとけきらなかったら、湯を入れたボウルになべをつけてまぜる。

Point
同じ方向に
まぜると
つやが出るよ

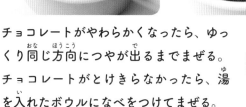

④

ラップをしいたバットに、流し入れる。冷ぞう庫で30分ほど冷やしてかためる。

⑤

まな板の上にクッキングシートをしき、
チョコレートをとりだす。

⑥

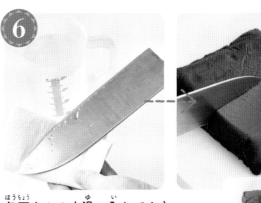

たて横それぞれ
4等分に切るよ

包丁をぬるま湯に入れてふき、
⑤を16等分に切る。

⑦

1こずつラップで包み、
丸く形を整える。冷ぞう
庫に入れて30分くらい
冷やしかためる。

⑧

ボウルを
回すように
ふってまぶそう

ラップをはずして3〜4こ
ずつボウルに入れ、茶こ
しにココアパウダーを入
れてふる。ボウルをふっ
てまんべんなくまぶす。

⑨

てのひらで転がして形を整える。チョコレートがと
けないよう手早く行う。

プレゼント
しよう！

物語のように、ひとつずつ包んでリボンをかけて。
ラッピングペーパーの上にクッキングシートをしい
てからチョコレート玉をのせて包むよ。

ラッピングの方法は 38 ページを見てね

らくだい魔女の
ドキドキおかしパーティ

公園の芝生に色とりどりにさくお花のようなゼリー菓子

どんなおはなし?

　ここは魔法の国。魔法学校で修業中の銀の城のプリンセス・フウカは、いつも失敗ばかりの"らくだい魔女"です。

　ある日、フウカは黒の城の王子・キースから、夢の国「ドリームワールド」のパーティに招待されます。ドリームワールドには"ジュースの泉"や"かき氷山"などが広がり、まさに夢の国! かと思いきや、フウカは侵入者として指名手配されてしまい――!? おさななじみのチトセ、親友のカリンといっしょにフウカの大ぼうけんが始まります!

どんな料理?

　フウカたちがにげこんだ公園にさいていた、色とりどりのお花のゼリー菓子。

　さとうのシャリシャリとした食感とぶどうのあまさがおいしくて、フウカも食べる手がとまりませんでした。

司書の
先生から

　この本は、シリーズの4巻目です。主人公はプリンセスなのに、らくだい魔女で失敗ばかりで、いつもハラハラドキドキさせられますが、おうえんしたくなります。今回も、夢のような国に行ったと思ったのに……。

らくだい魔女の
ドキドキおかしパーティ
成田サトコ◉作　千野えなが◉絵
[ポプラ社]

『らくだい魔女のドキドキおかしパーティ』
お花のようなゼリー菓子

材料（作りやすい分量）

ぶどうジュース（オレンジジュースなどでもよい）
‥‥‥‥‥‥‥‥‥‥‥‥‥‥‥‥200mL
グラニューとう‥‥‥‥‥‥‥‥‥‥270g
水‥‥‥‥‥‥‥‥‥‥‥‥‥‥‥200mL
粉寒天‥‥‥‥‥‥‥‥‥‥‥‥‥‥4g
グラニューとう（まぶす用）‥‥‥‥適量

用意するもの

たいねつゴムべら
バット（9×13cmくらい）
花の形の型
（2～3cmくらい）
キッチンペーパー

作り方

① なべにグラニューとうと水、ぶどうジュース、粉寒天を入れ、ひとまぜして2～3分おく。

ふきこぼれそうになったら火を弱めて

② 中火にかけ、たいねつゴムべらでまぜながら温める。ふきこぼれないように見ながら1～2分にて、火を止める。

③ バットの中を水でぬらし、②を流し入れる。

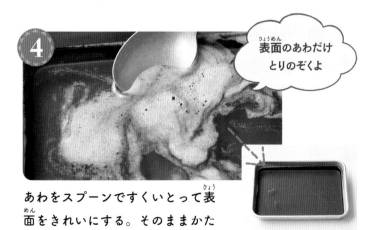

表面のあわだけとりのぞくよ

④ あわをスプーンですくいとって表面をきれいにする。そのままかたまるまでおいておく。

⑤

かたまったら、水を20mL(分量外)くらい入れる。

Point

すきまに
水が入って
とりだし
やすくなるよ

⑥

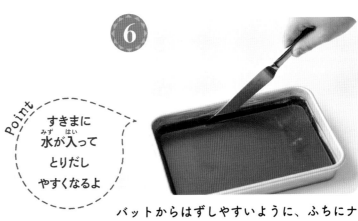

バットからはずしやすいように、ふちにナイフを入れ、まわりを1周なぞる。

⑦

ゴムべらなどで折れないようにそっと持ちあげて、まな板の上にとりだす。

⑧

型でぬく。1回ごとに型に水をつけるとぬきやすい。

⑨

水分がついていたらキッチンペーパーでふきとり、グラニューとうをまぶす。夏は冷ぞう庫でほぞんする。

プレゼントしよう!

色のきれいなゼリー菓子は、とうめい容器に入れて。お気に入りのマスキングテープでアクセントを。

ラッピングの方法は 38 ページを見てね

みんなが食べにやってくる！
真っ赤な いちごジャム

どんなおはなし？

お日さまがいなくなってしまった寒くて長い冬。雪にうもれたムーミン谷では、みんなで冬眠をしていますが、不思議なことにムーミントロールはたったひとり、目を覚ましてしまいました。

ムーミンは初めての冬をすごしながら、知らない景色や生きものなどに出会います。そんななか、顔を見るとこおってしまう"氷姫"が出現。そのせいで食べものに困った生きものたちが、ムーミンママが作ったジャムの倉庫があるらしいと聞きつけて、ムーミン谷にやってきます。

どんな料理？

ムーミンママが作ったいちごジャムには、こしらえた年が記され、ふたには赤いひもがまいてあります。

この冬、ムーミン谷は、ジャムの倉庫をあてにしてやってきた生きものたちで、いっぱいになりました。

司書の 先生から

作者の出身地のフィンランドの冬至の前後は、一日中真っ暗だったり、朝が来たと思ったら、すぐに夕方になってしまったりするような日が続くそうです。冬を知らないムーミンが、冬眠から目覚めたら、さぞおそろしかったことでしょう。

ムーミン谷の冬

トーベ・ヤンソン◉作・絵
山室 静◉訳
[講談社]

『ムーミン谷の冬』をイメージ

真っ赤ないちごジャム

材料（作りやすい分量）

いちご	1パック（250gくらい）
グラニューとう	大さじ5
レモンじる	小さじ1

用意するもの

たいねつゴムべら

ふたつきのびん
（120mLくらい）

アルコール除菌スプレー
（キッチン用）

作り方

① なべにいちごとグラニューとうを入れる。

② なべをゆすって全体にグラニューとうをまぶし、1時間ほどおいておく。

なべを
ゆするよ

③ いちごのまわりのグラニューとうがとけてとうめいになってきたら、中火にかける。

④ にたって、アクが出てきたらスプーンでとりのぞく。

こまかいあわがアク。
スプーンで
すくってとりのぞくよ

5

いちごがやわらかくなってきたら、たいねつゴムべらでつぶしながらにる。

6

いちごが半分くらいつぶれたら、レモンじるを加える。

7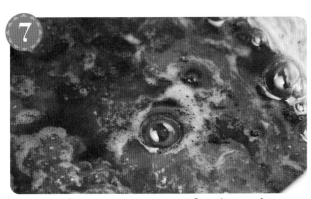

とろみが出るまでにつめたら、火を止めて冷めるまでおく。

8

Point
アルコール消毒するよ。これをしないとカビがはえやすくなるよ

びんの中がぬれていないことをかくにんして、はなれたところからアルコール除菌スプレーをふきかけて、消毒する。

9

ジャムが冷めたら、びんに入れてしっかりふたをして冷ぞう庫でほぞんする。

プレゼントしよう！

straw berry

ふたにはぎれをのせて、ひもやリボンでしばるだけですてきなラッピングに。いちごの絵をかいたシールをはってもかわいい！

ラッピングの方法は 38 ページを見てね

いい人ランキング

助けてくれた
お礼の気持ちをこめた
勇気のバナナブレッド

どんなおはなし?

主人公は、母親の再婚により2学期から名字が変わった、中学2年生の木佐貫桃。桃にとっては大きな出来事ですが、クラスメイトにとっては大したことのない、小さな変化だとばかり思っていました。

そんななか、文化祭での「ミス岬中・ミスター岬中コンテスト」の開さいが職員会議で禁止されたことをきっかけに、2年1組では「いい人ランキング」というコンテストを行うことに。そこで桃がランキング1位になったことから、クラスの空気は変わり始め……。

どんな料理?

いじめのリーダーだった沙也子と、いじめから助けてくれた尾島くんに桃がわたしたバナナブレッド。バナナブレッドは、桃が尾島くんと初めて話したときに聞いた、尾島くんの好物です。

しっとりとしたあまさのなかに、桃のさまざまな思いがつまっています。

司書の
先生から

いい人って、どんな人のことだと思いますか? 桃は、クラスで「いい人ランキング」第1位になり、みんなのためになんでもやってあげました。でも、じょじょにクラスメイトの対応に「これって、いじめ?」と、ぎもんをいだくようになります。

いい人ランキング
吉野万理子◉著 [あすなろ書房]

THANK YOU

THANK YOU

『いい人ランキング』
勇気のバナナブレッド

材料（1本分）	
バナナ	中2本（200g）
バター	20g
さとう	大さじ4
ときたまご	2こ分
牛乳	50mL
はくりき粉	130g
ベーキングパウダー	小さじ1と$\frac{1}{2}$

用意するもの

パウンドケーキ用の型
（20cm）

クッキングシート

ゴムべら

竹ぐし

じゅんび ▶ ◎オーブンを170度に予熱する

作り方

①

```
★      ★
          ↕ B
★      ★
  ↔
  A
```

★の部分は重ねて折りこむよ

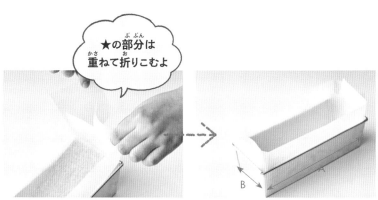

型にあわせてクッキングシートの ── のところを切り、----- のところを折って型に入れる。

②

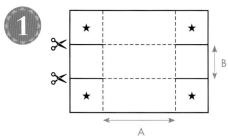

バターをたいねつ容器に入れてラップをふんわりとかけ、電子レンジで30〜40秒、とけるまで加熱する。

③

かたまりがなくなるまでつぶすよ

ボウルにバナナ1本をちぎり入れ、フォークの背でつぶす。さとう、②を入れてゴムべらでよくまぜる。

4

❸に、ときたまご、牛乳を加えてまぜあ
わせる。

5

はくりき粉とベーキングパウダーを
まぜてからざるに入れ、ゴムべらを
使って❹にふるい入れる。ざっくり
とまぜあわせる。

6

もう1本のバナナを長さ
2〜3cmに切り、さらに
たて4つ割りにする。$\frac{2}{3}$量
を❺に入れ、軽くまぜる。

7

クッキングシートをし
いた型に❻を流し入
れ、上に残りのバナナ
をまんべんなくのせる。

8

170度のオーブンで30〜35分焼く。竹ぐしをさし
て、生地がついてこなければ焼きあがり。

プレゼント
しよう！

ケーキが完全に冷めてから、ワックスペーパーで包
むよ。その上からとうめいなふくろやラッピング
ペーパーで包んでリボンをかけよう。

ラッピングの方法は 38 ページを見てね

みさき食堂へ
ようこそ

不思議な食堂で食べた
幸せをよぶ
よつばのクッキー

どんなおはなし？

海につき出した、細長いみさき。そのさきっちょに「みさき食堂」はあります。ここにはときどき、食べたいものがあるのに、わけあって食べられないお客さんが、ワープするようにやってくるのです。

この日、食堂にやってきたのは、自分の意見をはっきり言えず、親友の美織ちゃんをうら切ることになってしまった小学生のもえちゃん。注文は、美織ちゃんからプレゼントされた「よつばのクッキー」でした。

どんな料理？

もえちゃんが美織ちゃんにもらった、よつばのクローバーの形をした手作りのクッキー。ひと口かじると、口のなかにバターのかおりが広がります。

みさき食堂で出されたクッキーも、美織ちゃんがくれたものと同じ味がしました。

司書の先生から

「みさき食堂」の主人は、まんまる顔のおばあさんのハルさんで、孫のたまみちゃんが、お手伝いをしています。3つのお話が入っています。お客さんの過去のいきちがいや本当の気持ちに気づかせてくれる食堂です。

みさき食堂へようこそ

香坂 直●作　北沢平祐●絵
［講談社］

『みさき食堂へようこそ』
幸せをよぶよつばのクッキー

材料（約20まい分）	
はくりき粉	200g
バター（食塩不使用）	100g
さとう	70g
塩	少々
ときたまご	小1こ分

用意するもの

- ゴムべら
- めんぼう
- よつばの形の型（4cmくらい）
- クッキングシート
- 竹ぐしかフォーク

作り方

指でおして
へこむくらいに
なればOK

バターは1cmほどのあつさに切り、たいねつボウルにならべ、電子レンジで30〜40秒ほど加熱する。

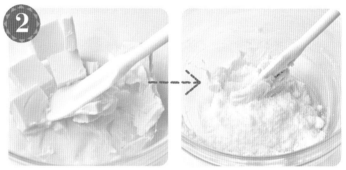

ゴムべらでバターをつぶし、クリームじょうになるまでまぜる。さとうと塩を入れ、クリームじょうになるまでしっかりまぜる。

ぶんりしやすいので
少しずつまぜるよ

ときたまごを3回にわけて入れる。そのつどクリームじょうになるまでよくまぜる。

はくりき粉をざるに入れ、ゴムべらを使ってふるいながら❸に入れる。粉っぽさがなくなるまで切るようにまぜる。

⑤

ラップの
真ん中におくよ

生地をまとめてラップに
のせ、奥のラップをかぶ
せ、てのひらでおして平
らにする。

⑥

15×15cm
くらいにするよ

手前のラップをかぶせ、左右のラップを折り、ラッ
プの形が四角くなるように包み、うら返す。ラップ
の形にあわせてめんぼうで四角くのばす。

⑦

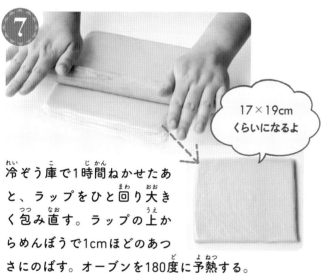

17×19cm
くらいになるよ

冷ぞう庫で1時間ねかせたあ
と、ラップをひと回り大き
く包み直す。ラップの上か
らめんぼうで1cmほどのあつ
さにのばす。オーブンを180度に予熱する。

⑧

とちゅうで
やわらかくなったら
冷ぞう庫で冷やすと
いいよ

ラップを開き、型でぬく。
生地がつかないように、1
回ずつ、型にはくりき粉
（分量外）をつけてからぬく。

⑨

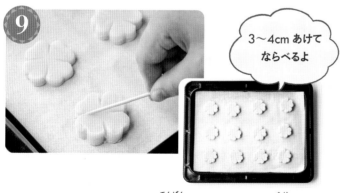

3〜4cmあけて
ならべるよ

クッキングシートをしいた天板に⑧をならべ、竹ぐ
しかフォークではっぱのもようをつける。180度の
オーブンで10分、160度に温度を下げて5分焼く。

プレゼント
しよう！

バター多めなぜいたくな味わいのクッキーは、ひと
つずつ、とうめいなふくろに入れるのもおすすめ。

ラッピングの方法は38ページを見てね

ウーフとツネタと
ミミちゃんと

お礼にもらった
ふくろうおばさんの
山もりドーナツ

▌どんなおはなし？

　ウーフは、遊ぶこと、食べること、考えることが大好きなくまの子です。「まいごのまいごのフーとクー」というお話では、ある日、キャッチボールをしていたウーフと友だちのツネタが、ボールを見失ってしまいます。ふたりは林の中でボールを見つけますが、そこには、ふわふわのボールがもうふたつ。それは、まいごになったふくろうのぼうやたちでした。

　「うえーい、うえい」となきわめくふくろうのフーとクー。ウーフとツネタは仕方なく、いっしょにおうちをさがしてあげることにします。

▌どんな料理？

すごいな、ぎゃあぎゃあだ。ぼくも、ぎゃあぎゃあ、ツネタとぎゃあぎゃあさわぎたいな。ぎゃあぎゃあだったって、フーとクーは、かわいいんだ。ぎゃあぎゃあおいて、ふくろうおばさんは、かわいいます。みんなかわって、ドーナツをたべました。

　フーとクーを送りとどけたウーフとツネタが、ふくろうおばさんからお礼にもらった山もりのドーナツ。

　みんなで笑いあいながら、あげたてのドーナツをいただきました。

司書の
先生から

　「くまの子ウーフ」のお話は、1969年に初めて出版されました。50年以上、多くの人に読まれ続けています。ウーフは、遊ぶこと、食べることが好きで、「なぜなの？」と知りたいこともいっぱいあるくまの子です。

ウーフとツネタと
ミミちゃんと

神沢利子●作
井上洋介●絵
［ポプラ社］

ウーフとツネタと
ミミちゃんと

神沢利子・作
井上洋介・絵

35

『ウーフとツネタとミミちゃんと』

ふくろうおばさんの 山もりドーナツ

材料（5〜6こ分）

はくりき粉	150g
ベーキングパウダー	小さじ1
たまご	1こ
さとう	大さじ4
牛乳	大さじ2
バター	20g
打ち粉用のはくりき粉	適量
あげ油	適量

用意するもの

- ゴムべら
- 茶こし
- めんぼう
- コップ（直径7cmくらい）
- ペットボトルのふた
- キッチンペーパー

作り方

1 たまごを割りほぐし、さとう、牛乳を入れてまぜる。

2 たいねつ容器にバターを入れ、電子レンジに30〜40秒かけてとかし、❶に入れてまぜる。

3 はくりき粉とベーキングパウダーを別のボウルでまぜてからざるに入れ、ゴムべらを使ってふるいながら❷に入れる。ゴムべらで切るようにまぜる。

4 粉っぽさがなくなったらまとめてラップに包み、冷ぞう庫で1時間以上ねかせる。

くっつかないようにふる粉を打ち粉というよ

5 まな板やきれいにふいた台の上に茶こしを使ってはくりき粉をふり、生地をおく。生地の上にもはくりき粉をふる。15cm角くらいになるようにめんぼうで生地をのばす。

6

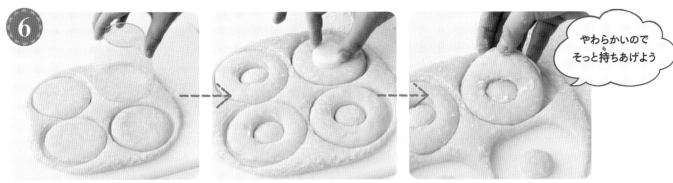

やわらかいので
そっと持ちあげよう

コップの口にはくりき粉（分量外）をつけ、生地をぬく。真ん中にペットボトルのふたであなをあける。
残った生地はまとめてラップに包んでめんぼうでのばし、同じようにぬく。

7

生地の切れはしを
入れ、こまかい
あわがたったら温度が
上がった合図

フライパンに底から1cmくらいの高さまで油を入れ、中火にかけて160度に温める。

※あげるときは必ず大人といっしょに行いましょう。

8

温度が上がったら少し火を弱めて、⑥の生地をフライ返しにのせて入れる。

9

落とさないように
しっかりつかもう。
落ちると油がはねて
危ないよ

あげ色がついてきたら、うら返す。

10

立てておくと
油がきれるよ

全体がきつね色になってきたらとりだし、キッチンペーパーをしいたバットに立てかけて油をきる。

プレゼント
しよう！

油を通さないワックスペーパーで包もう。マスキングテープをリボンのようにまくとすてき。

ラッピングの方法は 38 ページを見てね

ラッピングをしよう!

作り方の最後にのせた「プレゼントしよう!」のラッピングで使ったものをしょうかいします。これをヒントに、包むおかしを変えてみたり、好きなシールやリボンでかざってみたりして、すてきなプレゼントを用意しましょう。

カラフルにかざったロリポップチョコ(6ページ)

タイ — 細いワイヤー入りで、ねじったり形を変えたりできる。ふくろの口をかわいらしくとめられる。

シール

ふくろ

キャンディースティック

メッセージカード

紙コップ

ハートのチョコクッキー(10ページ)

シール

マーカーペン — プラスチックやガラス、布などにもかける。好きなもようやメッセージを、入れものに直接かくとおしゃれ。

びん

まあるいチョコレート玉(14ページ)

ラッピングペーパー — いろいろな色やもようがあるので、プレゼントする人の顔を思いうかべて選ぼう。

リボン

お花のようなゼリー菓子(18ページ)

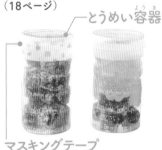

とうめい容器

マスキングテープ — 手でちぎれて、はがしやすい。何色か組みあわせても◎。

真っ赤ないちごジャム(22ページ)

布(はぎれ) — 細く切ってリボンとして使ってもおしゃれ。

びん

シール

ししゅう糸 — ふんわりした印象にしたいときにぴったり。

幸せをよぶよつばのクッキー(30ページ)

クッション材 — 入れておくと、中身が動きにくくなる。箱の中によゆうがあるとき、形がくずれやすいおかしを包んだときにまわりに入れよう。

とうめいなふくろ

箱

ふくろうおばさんの山もりドーナツ(34ページ)

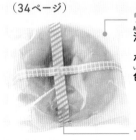

ワックスペーパー — 油や水をはじくので、おかしをそのまま包める。色がついたものもある。

マスキングテープ

勇気のバナナブレッド（26ページ）

ワックス
ペーパー

とうめいな
ふくろ

メッセージカード

ワイヤー入りリボン
細いワイヤーが入っているので、ちょう結びの輪っかの形を調整できる。

リボンのかけ方

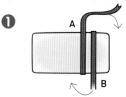

❶ リボンを20cmくらいとり（A）、残りのリボン（B）をケーキに回しかける。Aを右下に、Bを左上に引っ張ってクロスさせる。

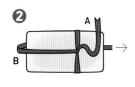

❷ Bをケーキの下にくぐらせて、右に出す。

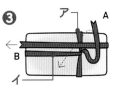

❸ Bを右から左に回しかける。AをBにまたがせ、アとイのリボンの下をくぐるように、右上から左下に通す。

❹ Aを左下、Bを右上に引っ張り、たるみが出ないように結び目をしめる。

❺ 残ったリボンで、ちょう結びをする。

メッセージ カードをかこう

メッセージカードに使えるイラストや、かざり文字を用意したよ。カードをかくときの、参考にしてみてね。

台紙は
色画用紙やシール
にしてもいいね

線やかこみ

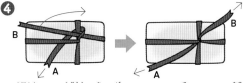

小さなイラスト

イベントのかざり文字

◎ たんじょう日
HAPPY BIRTHDAY

◎ バレンタインデー
VALENTINE'S DAY

◎ ハロウィン
HAPPY HALLOWEEN

◎ クリスマス
MERRY CHRISTMAS

監修

金澤磨樹子 かなざわ まきこ　東京学芸大学附属世田谷小学校 司書

岩手大学教育学部卒業。小学校教員、三鷹市での小学校図書館の司書を経て現職に。科学読物研究会会員。日本子どもの本研究会会員。学校図書館問題研究会会員。日野おはなしの会会員。共著に『先生と司書が選んだ調べるための本　小学校社会科で活用できる学校図書館コレクション』『りかぼん　授業で使える理科の本』『学校司書おすすめ! 小学校学年別知識読みもの240』（すべて少年写真新聞社）がある。

今　里衣 こん さとえ　東京学芸大学附属世田谷小学校 栄養教諭

日々の子どもたちとの関わりを通して献立作成・食育授業を行う。子どもたちが楽しみながら学べる給食づくりを大切にしている。初任地は東日本大震災後の宮城県。給食に関わり支える人たちのひたむきな姿を目の当たりにし、学校給食の背景を知る。生産者への訪問など「人」とつながることで社会のあり方についても関心を深め、社会デザイン学（修士号）を取得。学校給食の持つ可能性を広げていく。監修に『まかせてね　今日の献立（全3巻）』（汐文社）がある。

レシピ考案	今 里衣、ダンノマリコ
料理作成・スタイリング	ダンノマリコ

写真	キッチンミノル
キャラクターイラスト	オヲツニワ
イラスト	ゼリービーンズ
デザイン	小沼早苗（Gibbon）
DTP	有限会社ゼスト
校正	齋藤のぞみ
編集	株式会社スリーシーズン（奈田和子、渡邊光里、藤木菜生）

★協力
理論社、福音館書店、講談社、株式会社ライツ・アンド・ブランズ、あすなろ書房

★撮影協力
UTUWA（電話03-6447-0070）

物語からうまれたおいしいレシピ
❹ ときめきプレゼントおかし

発行	2024年4月　第1刷
監修	金澤磨樹子　今　里衣
発行者	加藤裕樹
編集	小林真理菜
発行所	株式会社ポプラ社
	〒141-8210　東京都品川区西五反田3-5-8
	JR目黒MARCビル12階
	ホームページ　www.poplar.co.jp（ポプラ社）
	kodomottolab.poplar.co.jp（こどもっとラボ）
印刷・製本	今井印刷株式会社

あそびをもっと、まなびをもっと。
⁇ こどもっとラボ

ISBN978-4-591-18098-3　N.D.C.596　39p　27cm
© POPLAR Publishing Co., Ltd.2024　Printed in Japan